Words

Cross & Across

Word Search on LeBron James

WORDS CROSS & ACROSS:
WORD SEARCH ON LEBRON JAMES

Revised Edition

Copyright 2014, by Eugene Williams, Sr.

ISBN: **978-0-9838952-0-6**

All Rights Reserved.

No part of this book may be reproduced or transmitted by any means, in any form without the written permission of the publisher.

Academic Resources Unlimited, Incorporated

P.O. Box 2122

Upper Marlboro, Maryland 20773

301.768.8316

www.academicresourcesunlimited.org

Educationissues@hotmail.com

Table of Contents

Acknowledgments

First, I must give honor to God for giving me the idea to write this book. It was the Almighty who said to me, "write a book about a young, black man who inspired so many, young and old." The announcement of this proposed book took place on The Ed Brown Show right after LeBron decided to join the Miami Heat. I give thanks to Ed Brown, the producer and moderator of The Ed Brown Show. On this show, Mr. Wetzel Witten, my partner and co-founder of Evolutionary Elders, Wetzel Witten supported my decision to extol the virtues of LeBron in what has become a unique word search book that will help improve literacy.

Thanks to my wife, Dr. Mary H. Johnson, our daughter, Imelda Johnson Matthews, and our granddaughter, Myka Matthews, who is a great AAU basketball player. They provided encouragement and help in making the book what it is. I thank my son, Eugene Jr., his wife, Jewel and my granddaughter Paige for listening to me as I reported to them the progress of the book. Dr. Milton White, I thank for reviewing the drawings of LeBron and for saying such positive things about a young man we have not met yet.

Technical support was provided by Charina Delizo and Nicholas Scott, a former student of mine. Nick worked exceptionally hard in helping to assemble the book. He even appeared on television with me discussing the need and purpose of the book. I thank Tyrone Hardeman, the artist who I met on Facebook. From the drawings in this book, one can see what a talented artist he is. His drawings gave the book a different twist, one that is not seen in any other word search or word search book.

Note to the Word Seeker

LeBron James, one of the nation's greatest basketball players, has provided many readers entertainment through his skillful handling of the basketball. His high scoring has caused the world to rejoice. From the early days of his life, he has been a special gift to the young and old. He has been a positive role model for teammates (The Fabulous Five) and even those who did not like him or appreciate his talent.

This word search book is patterned after one on President Barack Obama and Dr. Martin Luther King, Jr., is compiled to introduce him to some and reintroduce him to others. Every word in this book is a descriptive one that presents a characteristic gleaned by the author who got these words from observation of him on the basketball court, from his autobiography and the audio from his book Shining Stars, from newspapers and magazines, and from radio and television interviews. The author was especially impressed about how he treated his mother, Gloria, and how he interacted with the Fab Five.

You just may want to read his autobiography before or during the time you are engaged in doing the word searches. Read the information in the word charts, a feature to help you remember and use the words to improve your reading, writing, speaking and verbal performance on standard exams, such as the SAT. I believe that if you complete the exercises in this book, you might appreciate him even if you have personal reasons for not liking him.

LeBron is an audacious, intelligent, powerful, determined, loquacious, peaceful, honest, benevolent, positive, amicable, luminous, sociable, physical, young man, and a role model worth emulating.

Facts About LeBron James

- His nicknames are "The Chosen One" & "King James"
- He scored 13,927 career points before he was 25 years old.
- He attended Path Elementary School, and in the fifth grade, he received an attendance award.
- Gloria, his mother, went to the first practice with the "Shooting Stars".
- By his third year in high school, he had grown to 6'8" tall.
- He was the youngest NBA player to score 50 points in one game.
- He scored 56 points, his highest score, in a 2005 game against the Toronto Raptors.
- He shoots the ball mostly with his right hand, but he eats and writes with his left hand.
- He chose to use the number 6 after the 2009-2010 season. It is his son's birthday and was also his number in the Olympics.

Works Cited:

James, LeBron and H.G. Bissinger, *Shooting Stars*,

New York: Penguin Press, 2009, Print.

Linde, Barbara, M., *LeBron James*,

Gareth Stevens Pub., 2011, Print.

Quotes by LeBron James

"There is a lot of pressure put on me, but I don't put a lot of pressure on myself. I feel is I play my game, it will take care of itself."

"I don't need too much. Glamour and all that stuff don't excite me. I am just glad I have the game of basketball in my life."

"To all the positions, I just bring the determination to win. Me being an unselfish player, I think that can carry on to my teammates. When you have of the best players on the court being unselfish, I think that transfers to the other players."

"Ask me to play, I'll play. Ask me to shoot, I'll shoot. Ask me to pass, I'll pass. Ask me to steal, block out, sacrifice, lead, dominate. ANYTHING. But it's not what you ask of me, it's what I ask of myself."

"This is a job and we want to have fun. But it's a job and we should look like we're going to work."

"Working with all of these kids is great. It doesn't get any better than this, to come down and inspire kids who want to play the game of basketball and put smiles on their faces."

"For me, already being a part of a single parent household and knowing it was just me and my mom, you would always wake up three times and hope that the next day you'd be able to be alongside your mother because she was out trying to make sure that I was taken care of. But all I cared about was her being home."

"Well, I mean, to me, I think my ultimate- my ultimate goal is winning championships."

Altruistic

We are selfish when we are exclusively or predominantly concerned with the good for ourselves. We are altruistic when we are exclusively or predominantly concerned with the good of others.

-Mortimer Adler

Altruistic Word Search

O	W	E	T	A	R	E	D	I	S	N	O	C	V	T
M	P	F	G	Z	H	O	N	E	S	T	G	E	B	Y
A	M	E	E	V	O	E	N	G	A	L	U	L	E	B
G	A	D	N	H	Y	P	L	T	J	M	K	I	N	D
N	G	T	E	H	K	Q	E	P	S	U	R	F	E	D
A	Z	V	R	D	A	U	O	L	F	A	M	H	V	E
N	B	R	O	W	V	N	E	R	M	U	Y	A	O	C
I	C	I	U	R	D	S	D	E	L	A	L	X	L	O
M	F	U	S	E	D	E	X	E	V	E	X	T	E	G
O	S	W	T	A	B	L	G	U	D	I	A	L	N	V
U	R	D	R	A	G	F	S	T	A	R	Y	G	T	U
S	T	H	O	S	P	I	T	A	B	L	E	I	R	E
V	O	L	T	U	N	S	P	A	R	I	N	G	W	I
A	W	S	U	I	M	H	E	L	I	B	E	R	A	L
B	O	U	N	T	I	F	U	L	L	A	D	O	U	T

Benevolent
Generous
Hospitable
Magnanimous
Unsparing
Bountiful
Helpful
Kind
Open Handed
Considerate
Honest
Liberal
Unselfish

Altruistic Word Chart

Word	Definition	Sentence
Benevolent	Characterized by or expressing goodwill or kindly feelings.	He has a **benevolent** attitude towards his teammates.
Bountiful	Liberal in bestowing gifts or favors.	He was a **bountiful** young man.
Considerate	Showing kindly awareness or regard for another's feelings.	A **considerate** young man can get far in life.
Generous	Liberal in giving or sharing; unselfish.	They were **generous** with their donations to the arts.
Helpful	Giving or rendering aid or assistance; of service.	Your comments were very **helpful**.
Honest	Honorable in principles, intentions and actions.	He was always **honest** with his family.
Hospitable	Receiving or treating guests or strangers warmly and generously.	Your family has always been **hospitable** towards us.
Kind	Indulgent, considerate or helpful; humane.	She was always a **kind** young lady.
Liberal	Not strict; free.	His class was always very **liberal**.
Magnanimous	Generous in forgiving an insult or injury.	Remember to be **magnanimous** towards your enemies.
Open Handed	Generous.	They were always **open handed** with their kindness.
Unselfish	Not selfish or greedy; generous.	He was always **unselfish** with the ball.
Unsparing	Unmerciful; harsh; severe	He always plays **unsparing** against his opponents.

Audacious

Fortune favors the audacious.

- **Desiderius Erasmus**

Audacious Word Search

G	R	W	E	T	O	I	F	H	R	E	V	A	R	B
B	O	L	D	A	U	R	W	M	X	E	Y	L	O	H
K	R	E	A	G	V	U	A	J	E	C	B	M	U	T
B	R	A	U	T	W	F	U	H	D	A	R	I	N	G
C	O	N	N	E	T	L	E	S	F	D	A	U	N	I
O	E	D	T	A	M	E	K	U	R	T	S	O	Y	N
V	C	O	L	F	Z	O	T	P	I	D	H	E	G	T
I	N	T	E	K	Q	B	S	H	U	J	N	X	P	R
W	E	D	S	Z	Y	E	G	E	M	N	E	W	U	E
A	D	T	S	F	N	B	U	J	R	P	S	Y	U	P
F	I	X	V	F	R	I	N	G	E	U	S	D	G	I
S	F	T	G	U	S	R	D	F	T	A	T	M	E	D
E	N	J	W	A	O	B	P	B	S	R	G	N	A	U
D	O	G	E	R	L	Q	U	V	M	W	K	L	E	S
Z	C	O	N	F	R	L	C	A	R	P	D	E	I	V

Bold
Confidence
Dauntless
Brashness
Daring
Intrepid
Gall
Venturesome
Brave

Audacious Word Chart

Word	Definition	Sentence
Bold	Not hesitating or fearful in the face of actual or possible danger or rebuff; courageous and daring.	He apologized for being so **bold** as to speak to the Emperor.
Brashness	Impertinent; impudent; tactless	He was a young man filled with **brashness**.
Gall	Impudence; effrontery	The author even has the **gall** to emphasize the word addiction.
Confidence	Belief in oneself and one's powers or abilities; self-confidence; self-reliance; self-assurance.	LeBron James is full of **confidence** in his ability to play ball.
Daring	Bold or courageous; fearless or intrepid; adventurous.	He is very **daring**.
Venturesome	Willing to take risks; daring.	A **venturesome** person loves adventures.
Dauntless	Free from fear.	A **dauntless** person has no concern for danger.
Intrepid	Feeling no fear.	An **intrepid** person has no fear.
Brave	Feeling or displaying no fear.	You must be **brave** to into battle.

Brave

A brave mind is always impregnable.

-Jeremy Collier

Brave Word Search

N	U	R	V	W	I	B	R	A	D	T	Y	B	I	K
E	Z	I	G	U	T	T	Y	C	H	O	L	T	N	M
R	D	F	T	B	A	D	G	Y	W	O	L	P	T	X
V	S	D	A	U	N	T	L	E	S	S	G	U	R	B
Y	V	A	Q	T	G	E	V	O	R	O	O	U	E	O
R	P	D	R	S	P	N	G	O	T	U	R	P	P	L
N	B	L	K	E	V	A	R	B	A	R	W	U	I	D
V	A	L	A	R	B	H	C	R	K	A	G	S	D	R
M	O	R	G	H	U	L	I	S	E	G	S	I	O	L
D	R	O	G	O	N	G	O	T	A	E	T	P	W	B
B	R	A	B	W	C	U	R	D	L	O	S	T	N	Y
D	I	T	A	V	R	Y	T	R	O	U	T	A	R	K
F	S	E	S	S	A	N	E	P	F	S	X	Y	U	S
Z	C	A	H	S	H	E	L	E	O	S	H	Y	F	I
O	Y	A	D	T	F	G	R	R	M	A	S	I	F	R

Brave
Gutty

Courageous
Nervy

Fearless
Risky

Brave Word Chart

Word	Definition	Sentence
Brave	Possessing or exhibiting courage or courageous endurance.	He was **brave** going into battle.
Courageous	Possessing or characterized by courage	The benevolent do not worry; the **courageous** do not fear.
Dauntless	Fearless; intrepid; bold	A **dauntless** hero.
Fearless	Without fear; bold or brave; intrepid	It is hard to be completely **fearless**.
Gutty	Showing spirit; plucky	It was a **gutty** attempt to kick a field goal.
Nervy	Having or showing courage; brave or bold	The **nervy** feats of the mountaineers.
Risky	Attended with or involving risk; hazardous	They knew it was a **risky** mission.

Cooperative

As I've said, basketball has been, I think a real cooperative venture. There have been a lot people that have been involved in it; coaches, administrators – not recently- fans and nobody, nobody any more so than students over the years.

-Bobby Knight

Cooperative Word Search

S	U	O	I	N	O	M	R	A	H	S	W	R	U	A
V	A	R	C	O	O	R	I	Q	Z	L	U	F	P	G
H	F	C	O	L	L	E	G	I	A	L	B	E	U	R
E	L	E	M	A	D	B	E	L	I	Y	V	T	J	E
X	B	I	B	S	U	N	I	R	T	I	D	O	C	E
E	W	H	I	G	A	L	L	I	T	F	R	E	Y	I
V	U	R	N	S	E	L	E	A	T	A	R	D	I	N
S	U	P	E	R	N	A	R	W	Q	Z	K	I	P	G
K	M	E	D	C	O	O	R	D	I	N	A	T	E	D
C	A	S	T	E	B	C	R	A	W	K	R	T	A	G
K	H	A	L	A	D	V	A	L	E	R	W	Y	O	X
B	O	W	L	T	I	E	S	H	A	R	E	D	A	Z
D	Y	L	C	E	N	T	U	R	A	G	E	Q	T	N
O	O	D	D	A	L	E	K	F	E	V	I	A	Z	R
C	R	U	S	W	U	N	I	T	I	N	G	I	N	I

Agreeing
Combined
Shared
Collaborative
Coordinated
Uniting
Collegial
Harmonious

Cooperative Word Chart

Word	Definition	Sentence
Agreeing	To give consent; assent.	Both parties are **agreeing** to the terms of the contract.
Collaborative	Characterized or accomplished by collaboration.	It was a **collaborative** effort to finish painting.
Collegial	Of or pertaining to a college.	LeBron is very **collegial**.
Combined	Taken as a whole or considered together.	Outselling all other brands **combined**.
Coordinated	To assume proper order or relation.	He is **coordinated** when it comes to running basketball plays.
Harmonious	Marked by agreement in feeling, attitude or action.	They were a **harmonious** when it comes to running basketball plays.
Shared	To divide, apportion or receive equally.	He always **shared** the ball with his teammates.
United	Made into or cause to act as a single entity.	They are very **united** on the court.

Decisive

But the cure for most obstacles is to be decisive.

-George Weinberg

Decisive Word Search

L	A	V	I	E	E	N	R	O	S	E	Y	W	B	H
S	I	G	N	S	D	E	T	U	L	O	S	E	R	C
I	M	E	I	A	B	G	U	W	D	G	J	N	D	Y
G	P	A	V	Q	Z	V	J	R	S	G	K	I	F	C
N	O	D	S	I	C	B	H	Y	W	D	G	U	Y	A
I	R	O	A	S	T	R	I	D	S	F	B	J	E	A
F	G	F	E	A	S	A	D	G	C	X	Z	D	H	U
I	H	I	G	R	R	N	T	S	G	D	S	Q	A	M
C	Q	M	J	R	E	S	O	I	F	S	Q	C	G	O
A	S	P	K	C	R	U	D	C	R	U	C	I	A	L
T	D	O	W	B	D	Q	A	D	G	O	V	D	Y	J
I	G	R	C	K	D	A	E	C	F	S	H	U	S	F
V	M	T	B	A	D	F	E	C	S	F	H	T	T	D
E	N	V	E	A	S	O	I	F	W	N	T	R	U	F
Y	Z	P	Y	K	N	G	S	L	N	D	G	D	S	A

Authoritative
Resolute

Crucial
Significative

Of Import

Decisive Word Chart

Word	Definition	Sentence
Authoritative	Having due authority; having the sanction or weight of authority.	He has an **authoritative** opinion.
Crucial	Involving an extremely important decision or result.	He made a **crucial** split second decision.
Of Import	Of significance or value	LeBron James is **of import** to any team he plays on.
Resolute	Set in purpose or opinion	He is very **resolute**.
Significative	Significant; suggestive	He and his teammates are **significative**.

Determined

A determined soul will do more with a rusty monkey wrench

than a loafer will accomplish with all the tools in a machine shop

-Robert Hughes

Determined Word Search

U	N	S	H	A	K	A	B	L	E	P	R	C	I	M
N	N	D	S	N	C	O	U	R	A	G	E	O	U	S
D	U	D	T	E	R	R	N	R	E	D	T	M	N	T
I	N	I	E	Q	E	X	W	E	B	H	U	P	D	E
S	F	N	A	T	H	K	A	S	A	G	L	U	A	A
C	A	T	D	F	E	U	V	O	J	N	O	L	U	D
O	U	E	F	E	L	R	E	L	I	I	S	S	N	Y
U	S	N	A	A	L	O	R	V	N	R	E	I	T	J
R	R	T	S	R	B	G	I	E	X	E	R	V	E	G
A	M	I	T	L	E	H	N	D	D	T	R	E	D	N
G	I	O	Q	E	N	Y	G	R	R	L	P	M	T	E
E	R	N	O	S	T	M	R	G	I	A	D	A	F	V
D	E	C	I	S	I	V	E	O	V	F	R	R	I	I
U	N	B	E	N	D	A	B	L	E	N	A	I	O	R
T	R	A	W	L	A	T	S	T	N	U	D	K	S	D

Compulsive
Courageous
Decisive
Driven
Fearless
Hell Bent
Intention
Resolute
Resolved
Stalwart
Steadfast
Steady
Unbendable
Undaunted
Undeterred
Undiscouraged
Unfaltering
Unshakable
Unwavering

Determined Word Chart

Word	Definition	Sentence
Compulsive	Pertaining t, characterized by, or involving compulsion	She had the **compulsive** desire to succeed.
Decisive	Having the power or quality of deciding	Your argument was the **decisive** one.
Driven	An inner urge that stimulated activity or inhibition	He is a very **driven** student.
Hell Bent	Stubbornly or recklessly determined	Despite being injured, he was **hell bent** on finishing the game.
Intention	The end of object intended; purpose	Our friends are beginning to ask what our **intentions** are.
Stalwart	Firm, steadfast, or uncompromising	He is a **stalwart** supporter of the U.N.
Steady	Free from change; variation or interruption; uniform; continuous	He always has a **steady** job.
Unbendable	Not able to be bent	The metal beams are **unbendable**.
Undaunted	Undiminished in courage or valor; not giving way to fear	Although outnumbered, he was **undaunted**.
Undiscourageous	Not able to be dissuaded	
Unshakable	Not able to be shaken	Even under intense pressure, his confidence was **unshakable**.
Unwavering	Not able to be wavered	He has an **unwavering** work ethic.

Faith

Faith is not belief without proof, but trust without reservation.

-D. Elton Trueblood

Faith Word Search

E	V	E	T	N	O	W	F	C	O	M	M	I	T	G
R	C	D	K	U	D	A	X	O	A	V	G	L	H	E
E	O	N	H	Y	D	O	L	M	W	M	D	U	F	T
L	M	W	A	F	W	E	R	M	W	I	E	F	S	L
I	M	N	O	I	R	P	F	I	F	O	D	U	D	A
G	I	T	P	D	G	A	O	T	I	N	R	H	U	S
I	T	R	F	E	P	E	U	T	L	T	F	I	H	I
O	M	F	S	L	G	D	L	A	I	A	L	L	E	G
N	E	L	D	I	D	P	D	L	A	B	D	E	D	D
U	N	L	Y	T	A	D	W	T	A	E	U	S	S	F
K	T	F	H	Y	X	S	D	Y	H	L	O	S	V	E
S	S	E	N	L	U	F	H	T	I	A	F	F	U	I
D	E	S	U	I	C	A	A	G	P	F	S	H	E	L
O	M	A	I	L	G	F	Z	I	U	W	Q	W	A	E
D	E	D	I	C	A	T	I	O	N	U	A	S	P	B

Allegiance
Committal
Faithfulness
Trust

Belief
Commitment
Fidelity

Commit
Dedication
Religion

Faith Word Chart

Word	Definition	Sentence
Allegiance	Loyalty or devotion to some person, group, cause	He always gave his **allegiance** to his teammates.
Belief	Confidence in the truth or existence of something not immediately susceptible to rigorous proof	They questioned the **belief** of life on other planets.
Commit	To give in trust or charge	He was **committed** to always trusting his coach.
Dedication	The state of being dedicated	Her dedication to her school work left little time for anything else.
Faithfulness	Strict or thorough in the performance of duty	The team never questioned his **faithfulness** to the game.
Fidelity	Strict observance of promises	**Fidelity** to your country.
Religion	A set of beliefs concerning the cause, nature and purpose of the universe	His **religion** always comforted him in times of trouble.
Trust	Reliance on the integrity, strength, ability, surety, etc., of a person or thing	I **trust** that he will make the right decision.

Honest

It is a fine thine to be honest, but it is also very important to be right.

-Winston Churchill

Honest Word Search

D	S	U	O	I	C	A	R	E	V	F	H	U	J	D
Z	E	L	S	E	F	J	D	W	B	M	O	K	F	L
E	R	P	S	H	I	G	D	B	J	E	N	X	V	S
S	I	N	E	C	G	H	J	H	U	E	O	D	E	U
I	A	D	L	N	T	O	H	R	S	F	R	F	R	O
N	C	E	E	R	D	A	T	F	H	D	A	U	A	I
C	P	G	L	S	P	A	S	W	G	R	B	N	F	T
E	Y	P	I	D	S	Z	B	I	J	S	L	P	A	N
R	P	G	U	S	F	H	E	L	F	Y	E	R	S	E
E	U	K	G	S	A	D	Y	E	E	S	B	E	G	T
I	O	F	M	Z	B	N	A	C	C	U	R	A	T	E
E	L	B	A	I	L	E	R	A	C	B	N	M	Y	R
M	J	O	K	F	Z	A	T	U	O	E	Q	F	H	P
P	T	R	U	T	H	F	U	L	A	H	S	C	F	N
M	A	P	C	D	R	M	N	D	W	A	O	L	P	U

Accurate
Honorable
True
Veracious

Dependable
Reliable
Truthful

Guileless
Sincere
Unpretentious

Honest Word Chart

Word	Definition	Sentence
Accurate	Free from error or defect; consistent with a standard, rule, or model; precise; exact	He always makes **accurate** shots.
Dependable	Worthy of trust; reliable	His coach knows he is always **dependable**.
Guileless	Sincere; honest; straightforward; frank	An honest man is always **guileless**.
Honorable	In accordance with or characterized by principles of honor	He is a very **honorable** young man.
Reliable	Dependable in achievement, accuracy, honesty	You have to be **reliable** in order to get a good job.
Sincere	Free of deceit; hypocrisy, or falseness; earnest	Always be **sincere** with your parents.
True	Conforming to reality or fact; not false	It is **true** that he plays well.
Truthful	Corresponding with reality	When you are in trouble, it is always best to be **truthful**.
Unpretentious	Modest; without ostentatious display; plain	To be **unpretentious** is to be modest.
Veracious	Characterized by truthfulness; true, accurate or honest in content	Her statements are always **veracious**.

[Intelligent]

Any intelligent fool can make things bigger and more complex…

It takes a touch of genius- and a lot of courage to move in the opposite direction.

-Albert Einstein

Intelligent Word Search

A	Q	Z	O	X	A	B	R	A	S	V	T	S	B	A
S	D	D	Y	T	F	A	R	C	I	S	K	N	R	P
T	M	G	F	D	G	D	E	A	A	P	E	T	I	T
U	S	A	S	H	F	H	A	S	K	G	H	H	L	M
T	F	I	R	P	S	I	D	O	G	N	S	G	L	S
E	S	F	A	T	B	Y	Y	I	E	I	D	M	I	F
D	I	W	S	D	R	Q	A	A	O	W	J	T	A	I
H	O	B	R	A	I	N	Y	F	E	O	I	M	N	T
K	F	I	F	R	S	S	D	I	S	N	O	S	T	S
E	D	N	H	L	K	I	G	B	G	K	S	T	E	H
S	C	V	O	E	H	E	I	S	R	W	A	M	A	A
I	G	S	T	D	O	G	E	D	E	I	Z	K	X	R
W	D	U	D	G	F	U	O	N	A	D	G	K	V	P
D	C	Z	A	N	A	G	T	M	D	J	M	H	M	Q
A	H	F	E	F	F	E	C	T	I	V	E	D	T	A

Acute
Brainy
Brisk
Keen
Sharp

Apt
Bright
Crafty
Knowing
Smart

Astute
Brilliant
Effective
Ready
Wise

Intelligent Word Chart

Word	Definition	Sentence
Acute	Having or experiencing a rapid onset and short but severe course	He was diagnosed with **acute** appendicitis.
Apt	At risk or of subject to experiencing something usually pleasant	He is **apt** to lose.
Astute	Marked by practical hardheaded intelligence	An **astute** tenant always reads the small print in a lease.
Brainy	Having or makes by unusual and impressive intelligence	Some men like **brainy** women.
Bright	Emitting or reflecting light readily or in large amounts	The sun was **bright** and hot that day.
Brilliant	Of surpassing excellence	It was a **brilliant** performance.
Brisk	Quick and energetic	They took a **brisk** walk through the park.
Effective	Producing or capable of producing an intended result or having a striking effect	He had **effective** teaching methods.
Keen	Having or demonstrating ability to recognize or draw fine distinctions	She has a **keen** eye for detail.
Knowing	Evidencing the possession of inside information	She admitted to **knowing** about the surprise party.
Ready	Completely prepared or in condition for immediate action or use or progress	The team was **ready** for opening day.
Sharp	Clearly defined	A **sharp** photograph was found.
Smart	Showing mental alertness and calculation and resourcefulness	He was a very **smart** young man.
Wise	Having or prompted by wisdom or discernment	Dr. Martin Luther King Jr. was a **wise** leader.

Kind & Friendly

Be friendly to everyone. Those who deserve it the least need it the most.

-Bo Bennett

Kind & Friendly Word Search

C	W	E	N	T	H	U	S	I	A	S	T	I	C	A
R	O	S	F	U	T	N	E	I	L	I	S	E	R	M
A	I	N	S	P	I	R	A	T	I	O	N	A	L	I
H	V	K	S	D	T	U	F	S	X	N	J	K	Y	C
P	E	Z	A	C	S	G	U	S	W	T	I	M	D	A
O	N	C	W	O	I	D	G	J	U	S	G	B	Y	B
X	E	I	S	N	J	E	B	C	V	O	S	F	H	L
D	R	T	E	G	R	G	N	S	H	D	I	V	H	E
E	A	S	Z	E	L	A	M	T	D	H	G	P	B	L
S	B	I	E	N	G	H	D	A	I	H	U	R	E	A
O	L	M	C	I	V	N	V	D	S	O	G	D	N	J
P	E	I	W	A	Q	D	G	J	O	H	U	S	I	G
M	V	T	B	L	U	M	I	N	O	U	S	S	G	D
O	P	P	T	I	M	D	S	G	U	R	S	O	N	D
C	D	O	F	G	T	N	E	L	O	V	E	N	E	B

Amicable
Composed
Enthusiastic
Optimistic
Venerable

Benevolent
Congenial
Inspirational
Pious

Benign
Conscientious
Luminous
Resilient

Kind & Friendly Word Chart

Word	Definition	Sentence
Amicable	Characterized by or showing goodwill; friendly; peaceable	It was an **amicable** settlement.
Benign	Showing or expressive of gentleness or kindness	He had a **benign** smile.
Composed	Calm; tranquil; serene	His **composed** face reassured the nervous passengers.
Congenial	Agreeable, suitable, or pleasing in nature or character	She found the work to be **congenial**.
Enthusiastic	Full of characterized by enthusiasm; ardent	He was very **enthusiastic** about this role in the play.
Inspirational	Under the influence of inspiration	The way he plays is **inspirational** to his teammates.
Luminous	Lighted up or illuminated; well lighted	They danced together in the **luminous** ballroom.
Optimistic	Disposed to take a favorable view of events or conditions; to expect the most favorable outcome	The coach was **optimistic** about the players.
Pious	Practiced or used in the name of real or pretend religious motives	They lived a quiet, **pious** life.
Resilient	Springing back; rebounding	He is **resilient** on the court.
Venerable	Commanding respect because of great age or impressive dignity	He is a **venerable** player.

Loquacious

Much talking is the cause of danger. Silence is the means of avoiding misfortune.

The talkative parrot is shut up in a cage. Other birds, without speech, fly freely about.

-Saskya Pandita

Loquacious Word Search

G	J	K	T	S	Q	R	Y	I	L	J	V	N	M	B
T	A	L	K	A	T	I	V	E	P	H	D	S	G	I
W	U	B	J	K	D	A	S	F	H	J	D	X	V	G
U	K	G	B	A	Z	C	B	Q	E	T	H	Y	U	M
D	A	A	X	Y	S	G	J	I	R	T	W	R	Y	O
V	A	L	Y	R	I	A	N	G	U	P	U	D	S	U
Y	K	L	A	T	A	G	J	O	S	F	H	S	J	T
U	Q	D	A	D	Z	C	M	B	N	J	K	U	G	H
F	F	C	D	A	L	R	D	H	I	W	Q	O	C	E
V	M	S	Y	D	E	J	I	T	W	A	F	L	F	D
Q	E	G	J	B	O	L	G	S	A	G	N	U	H	I
W	G	S	B	S	F	H	U	T	E	S	F	R	M	S
C	H	A	T	T	Y	X	V	H	D	A	N	R	H	I
A	L	M	E	E	R	E	E	N	G	S	A	A	P	H
B	T	A	R	G	A	R	Y	E	N	F	S	G	A	F

Bigmouthed
Blabbermouth
Chatty
Gabby
Garrulous
Talkative
Talky

Loquacious Word Chart

Word	Definition	Sentence
Chatty	Given to such talk	He was a love, **chatty** old man.
Gabby	Talkative; garrulous	He is very **gabby** on the court.
Garrulous	Excessively talkative in a rambling, roundabout manner	The wine made him **garrulous**.
Talkative	Inclined to talk a great deal	She had a very friendly and **talkative** personality.

Luminous

The dancer's body is simply the luminous manifestation of the soul.

-Isadora Duncan

Luminous Word Search

L	P	K	G	D	E	T	H	J	I	Y	R	S	C	B
B	U	D	X	D	I	C	U	L	L	E	P	Q	F	R
D	K	S	L	H	F	A	D	F	Y	E	Q	A	C	I
B	N	H	T	S	G	E	A	D	H	K	G	M	F	L
Q	D	F	H	R	H	T	Y	I	O	K	D	S	Z	L
P	S	J	G	D	O	S	F	H	N	V	X	Z	F	I
A	U	F	G	J	I	U	L	I	V	B	J	G	D	A
T	O	H	F	D	S	A	S	D	C	B	J	Y	D	N
U	N	W	Q	R	U	M	V	X	Z	D	A	G	I	T
G	I	L	J	D	A	M	Y	N	V	X	A	F	D	R
C	M	V	N	J	G	D	A	Q	E	D	T	U	I	L
L	U	M	I	N	S	F	A	D	F	H	I	I	W	S
D	L	M	H	Y	S	A	S	D	Y	G	F	C	D	H
R	H	A	E	G	A	L	D	G	U	R	W	B	U	L
E	L	U	C	I	D	A	T	E	J	D	A	Q	M	L

Brilliant
Luminous

Elucidate
Lustrous

Lucid
Pellucid

Luminous Word Chart

Word	Definition	Sentence
Brilliant	Full of light; shining intensely; characterized by grandeur; of surpassing excellence	Albert Einstein was a **brilliant** man.
Elucidate	Make free from confusion or ambiguity	The teacher helped to **elucidate** the students.
Lucid	Having a clear mind	He is **lucid** when he starts a game.
Luminous	Softly bright or radiant	Her smile is **luminous**.
Lustrous	Brilliant; reflecting light	His mother's face was **lustrous** while watching him play.
Pellucid	Transparently clear	A regulation backboard is designed to be **pellucid**.

Peacemaker

Our peace shall stand as firm as rocky mountains.

-William Shakespeare

Peacemaker Word Search

C	S	E	R	A	F	E	T	A	I	V	E	L	L	A
M	O	G	Y	M	P	L	A	C	A	T	E	I	D	P
O	M	N	D	I	Z	S	S	Q	F	U	O	G	K	P
L	E	T	C	T	D	F	W	H	O	T	W	H	F	E
L	V	M	V	I	S	G	D	E	A	G	U	T	D	A
I	E	X	D	G	L	X	B	J	E	S	T	E	W	S
F	I	L	P	A	C	I	F	I	C	T	U	N	D	E
Y	L	I	G	T	D	A	A	D	H	N	E	X	S	D
R	E	L	I	E	D	Y	R	T	A	F	G	N	B	S
M	R	A	F	Q	F	D	Y	I	E	K	L	Y	D	B
Y	V	B	E	I	S	F	H	R	F	H	K	D	Z	O
A	P	P	C	F	E	T	A	I	T	I	P	O	R	P
L	L	A	S	A	T	H	D	B	N	S	Q	F	I	K
L	P	A	C	I	G	P	E	A	C	E	F	U	L	R
A	S	S	U	A	G	E	R	Y	K	R	S	F	N	K

Allay
Assuager
Mitigate
Pacify
Propitiate

Alleviate
Conciliate
Mollify
Peaceful
Relieve

Appeased
Lighten
Pacific
Placate
Sweeten

Peacemaker Word Chart

Word	Definition	Sentence
Allay	Lessen the intensity of or calm	He can **allay** the people's feelings on the court.
Alleviate	Provide physical relief, as from pain	His positive attitude helps **alleviate** the feeling of defeat.
Appeased	To bring to a state of peace, quiet, ease, calm, or contentment	He has **appeased** many.
Assuager	To make milder or less severe	He acted as an **assuager** to his upset friend.
Conciliate	Make compatible with; come to terms	His agent tried to **conciliate** a deal for him.
Lighten	Make more cheerful; alleviate or remove	He knows how to **lighten** the mood.
Mitigate	Make less severe or harsh	The lawyer asked the judge to **mitigate** his client's sentence.
Mollify	Make less rigid or softer	He tries to **mollify** the harsh attitude of his opponents.
Pacific	Promoting peace	He always tried to be **pacific** in arguments.
Peaceful	Not disturbed by strife or turmoil or war	Nelson Mandela will be remembered as a **peaceful** leader.
Placate	Cause to be more favorably inclined	He **placates** a lot of fans with his skills.
Propitiate	Make peace with	I hope to be able to **propitiate** with all my enemies.
Relieve	Provide relief for	To **relieve** stress, he plays ball.
Sweeten	Make sweeter, more pleasant, or more agreeable	He knew how to **sweeten** the deal.

The

Positive Force

Choosing to be positive and having a grateful attitude

is going to determine how you're going to live your life.

-Joel Osteen

Positive Force Word Search

A	L	L	U	R	I	N	G	Y	D	A	Q	F	G	C
M	P	D	E	T	N	E	L	A	T	K	C	J	O	A
B	A	E	L	B	A	R	O	N	O	H	R	H	V	L
I	Q	K	I	N	D	H	E	A	R	T	E	D	O	M
T	D	M	K	I	H	W	R	H	S	R	D	A	J	P
I	C	Z	A	U	K	G	S	A	E	C	I	L	F	A
O	I	Q	B	S	P	G	B	N	S	F	B	T	U	A
U	T	M	L	H	R	A	T	A	S	V	L	D	F	D
S	E	P	E	Q	O	D	I	L	I	G	E	N	T	S
Y	G	R	R	M	U	S	U	O	I	C	A	V	I	V
F	R	I	E	N	D	L	Y	D	H	R	I	T	Q	T
P	E	W	F	H	X	E	V	I	S	I	C	E	D	R
S	N	S	M	I	L	I	N	G	D	H	T	I	P	E
Y	E	T	R	U	S	T	W	O	R	T	H	Y	S	L
D	A	Z	Z	L	I	N	G	G	E	N	T	L	E	A

Alert
Alluring
Ambitious
Calm
Coherent
Credible
Dazzling
Decisive
Diligent
Energetic
Friendly
Gentle
Honorable
Kindhearted
Likeable
Proud
Smiling
Talented
Trustworthy
Vivacious

Positive Force Word Chart

Word	Definition	Sentence
Alert	Very attentive or observant	His eyes are always **alert** looking for a pass.
Alluring	Highly attractive and able to arouse hope or desire	The way he is with his family is very **alluring.**
Ambitious	Having a strong desire for success or achievement	He has always been very **ambitious**.
Calm	Steadiness of mind under stress	He always remains **calm** under pressure.
Coherent	Capable of thinking and expressing yourself in a clear and consistent manner.	He gave a very **coherent** speech.
Credible	Appearing to merit belief or acceptance	She was a **credible** witness.
Dazzling	Amazingly impressive	His talent is very **dazzling**.
Diligent	Characterized by care and perseverance in carrying out tasks	He was a very **diligent** student.
Energetic	Possessing or exerting or displaying energy	He is a very **energetic** player.
Likeable	Easy to like	She is very **likeable**.
Proud	Feeling self-respect or pleasure in something which you measure	His family is very **proud** of his achievements.
Smiling	Smiling with happiness or optimism	His mother is always **smiling** at his games.
Vivacious	Vigorous and animated	He is a **vivacious** player.

Powerful

Words are more treacherous and powerful than we think.

-Jean Paul Sartre

Powerful Word Search

Q	R	G	M	S	G	U	R	W	X	O	L	F	S	M
P	U	I	S	S	A	N	T	Z	A	S	F	R	Y	I
O	L	G	D	W	T	H	F	C	N	M	X	T	L	G
A	I	D	G	N	I	N	G	I	E	R	D	N	J	H
Y	N	G	S	W	Y	F	H	E	G	D	Q	A	S	T
Z	G	C	O	D	G	S	W	F	B	J	W	N	L	Y
B	A	G	D	W	D	N	F	N	D	Q	T	G	H	O
B	L	N	S	P	C	A	I	Q	D	G	S	E	F	E
V	B	E	A	G	M	Z	V	L	L	P	I	R	Q	D
I	G	D	O	J	T	D	Q	R	L	K	D	Q	T	V
Z	B	M	U	N	E	W	T	U	I	E	W	F	F	L
Y	N	R	E	G	L	L	O	E	L	S	P	D	Y	S
G	S	T	W	H	D	H	O	U	D	A	Q	M	F	K
A	O	D	T	H	S	A	G	Q	Q	T	J	G	O	V
P	X	C	B	J	A	U	R	S	F	T	U	K	B	C

Compelling
Puissant
Ruling
Mighty
Regnant
Potent
Reigning

Powerful Word Chart

Word	Definition	Sentence
Compelling	Tending to persuade by forcefulness of argument; driving or forcing	His opinion was very **compelling**.
Mighty	Having or showing great strength or force or intensity	LeBron James is **mighty** on the court.
Potent	Capable of copulation; having or wielding force or authority	His skills are **potent** to anyone around him.
Puissant	Powerful	He is **puissant** during the game.
Reigning	Exercising power or authority	He is the **reigning** champion.
Regnant	Exercising authority, rule or influence	The coach is the team's **regnant**.
Ruling	Exercising power or authority	The judge was **ruling** in favor of the plaintiff.

Shooting Stars

Shoot for the moon and if you miss you will still be among the stars.

-Les Brown

Shooting Stars Word Search Part 1

T	Q	F	J	O	Y	F	S	W	X	V	J	M	L	H
E	P	T	D	A	F	B	A	I	R	O	H	P	U	E
N	M	E	Q	T	I	Y	S	T	H	I	R	D	A	E
T	P	N	S	F	B	T	C	H	Z	W	F	P	K	D
A	M	A	V	S	A	I	Q	E	S	F	H	P	Y	E
T	G	C	Q	Y	S	S	Z	R	B	J	L	U	H	D
I	H	I	Z	J	D	O	G	I	M	H	A	N	S	O
V	Y	O	R	F	G	M	N	N	W	R	L	G	D	I
E	W	U	A	Q	H	I	I	G	U	O	K	E	H	T
D	X	S	V	D	U	N	G	H	K	D	S	N	V	W
E	N	L	E	H	L	A	C	K	L	U	S	T	E	R
S	J	M	N	B	D	H	S	G	S	A	D	S	C	D
I	L	F	O	M	G	O	Q	D	Q	D	H	G	Z	V
O	S	X	U	K	J	S	D	E	W	O	L	L	A	H
P	E	R	S	O	N	A	O	B	O	Y	Q	C	P	L

Persona
Tentative
Hallowed
Pungent

Heeded
Euphoria
Ravenous
Animosity

Poised
Withering
Lackluster
Tenacious

Shooting Stars Word Chart Part 1

Word	Definition	Sentence
Persona	An actor's portrayal of someone in a play	She played the **persona** of Desdemona.
Heeded	Pay attention to; take notice of	He **heeded** the officers warning.
Poised	Marked by balance or equilibrium and readiness for action	A gull in **poised** flight.
Tentative	Under terms not final or fully worked out or agreed upon	They had **tentative** plans for the weekend.
Euphoria	A feeling of great (usually exaggerated) elation	Winning the game left him feeling **euphoric**.
Withering	Wreaking or capable of wreaking complete destruction	The guns opened a **withering** fire.
Hallowed	Worthy of religious veneration	He entered into the church's **hallowed** ground.
Ravenous	Devouring or craving food in great quantities	After practice he felt as **ravenous** as a wolf.
Lackluster	Lacking brilliance or vitality	She thought her life was **lackluster**.
Pungent	Sharp biting or acrid especially in taste or smell	The **pungent** odor of sulfur filled the room.
Animosity	A feeling of ill will arousing active hostility	He had **animosity** towards the robber.
Tenacious	Stubbornly unyielding	The **tenacious** reporter wanted to find the truth.

Shooting Stars Word Search Part 2

S	S	B	D	E	W	O	D	A	H	S	E	R	O	F
E	M	E	O	L	R	A	H	M	K	M	K	P	Q	O
A	S	L	G	M	Y	Q	K	R	Q	D	I	L	A	E
R	H	L	N	O	J	E	R	A	S	E	N	G	L	A
E	G	I	K	A	Q	U	Q	K	F	Y	F	Q	E	X
D	P	G	W	O	S	H	D	E	H	I	A	Z	T	F
J	M	E	F	W	O	F	F	A	A	H	M	C	H	H
S	K	R	U	D	K	S	A	H	S	V	O	B	A	J
E	N	E	D	G	S	I	C	G	N	D	U	J	R	D
U	S	N	H	O	O	P	L	A	J	A	S	T	G	E
N	F	T	C	N	V	A	I	B	D	Q	G	U	I	R
E	T	S	A	J	H	D	J	S	Q	E	N	E	C	U
V	E	R	A	D	A	H	F	U	A	Y	W	Q	K	D
Q	A	C	S	W	C	K	S	R	X	P	A	S	J	N
P	W	T	J	X	N	M	A	D	K	I	Z	V	N	E

Endured
Hoopla
Karma
Belligerent

Paranoia
Absurd
Venues
Lethargic

Seared
Foreshadowed
Infamous
Foe

Shooting Stars Word Chart Part 2

Word	Definition	Sentence
Endured	To carry on through, despite hardship	They **endured** a winter in the Arctic.
Paranoia	Psychological disorder characterized by delusions of persecution or grandeur	His fears were just **paranoia**.
Seared	Having the surface burned quickly with intense heat	The tree was **seared** by the lightning.
Hoopla	Blatant or sensational promotion	The trade caused a media **hoopla**.
Absurd	Inconsistent with reason or logic or common sense	He realized that the rumor was **absurd**.
Foreshadow	Be a warning or indication of	His dream **foreshadowed** the car accident he would have.
Karma	The effects of a person's actions that determines their destiny in their next incarnation	They say we create, through effort or **karma** our own futures.
Venues	The place where something happens	She had never played in a **venue** so large before.
Infamous	Having an exceedingly bad reputation	The arrest made her **infamous**.
Belligerent	Characteristic of an enemy or one eager to fight	The argument had made him **belligerent**.
Lethargic	Deficient in alertness or activity	Bullfrogs become **lethargic** in cold weather.
Foe	A personal enemy	They had been political **foes** for years.

[Sociable]

Lions, wolves, and vultures don't live together in herds, droves or flocks. Of all animals of prey, man is the only sociable one. Every one of us preys upon his neighbor, and yet we herd together.

-John Gay

Sociable Word Search

E	X	T	R	O	V	E	R	T	O	N	J	E	S	A
G	R	R	M	E	T	A	G	E	R	G	E	S	A	G
R	Q	D	F	G	J	M	B	C	Z	A	D	R	Y	G
E	E	F	S	V	M	N	J	K	S	P	O	F	H	R
G	T	V	E	S	D	S	F	T	U	N	J	D	Q	E
I	A	X	V	R	H	J	Y	R	O	A	D	G	H	G
O	G	Q	D	F	V	G	H	D	I	S	C	C	H	A
U	E	H	D	B	J	E	P	I	R	S	O	X	S	T
S	R	N	Y	H	N	S	N	A	A	Q	N	D	F	E
U	G	F	Q	R	U	N	K	T	G	A	V	D	G	T
Z	N	Q	E	T	U	H	D	V	E	V	I	H	D	A
A	O	V	F	R	Y	I	O	P	R	D	V	U	H	N
P	C	H	D	Q	A	Z	C	G	G	K	I	C	A	T
I	F	Q	A	D	V	H	K	I	D	B	A	S	V	H
C	O	M	P	A	N	I	O	N	A	B	L	E	R	W

Aggregate
Convivial
Fervent
Companionable
Egregious
Gregarious
Congregate
Extrovert
Segregate

Sociable Word Chart

Word	Definition	Sentence
Aggregate	A sum, mass, or assemblage of particulars	LeBron is at the top of the **aggregate** of players.
Companionable	Possessing the qualities of a good companion	He is very **companionable**.
Congregate	To come together; assemble	The birds seemed to **congregate** in her front yard.
Convivial	Friendly; agreeable	He is always **convivial**.
Egregious	Extraordinary in some bad way	She knew her French cooking was **egregious**.
Extrovert	An outgoing gregarious person	He is an **extrovert**.
Fervent	Having or showing great warmth or intensity in spirit	She was very **fervent** around animals.
Gregarious	Fond of the company of others	He was very **gregarious**.
Segregate	To separate or set apart from others or from the main body or group	His skills **segregate** him from the other players.

Steadfast

Doubts and mistrust are the mere panic of timid imagination,

which the steadfast heart will conquer and the large mind with transcend.

-Helen Keller

Steadfast Word Search

A	F	F	I	R	M	A	T	I	V	E	R	E	C	G
D	G	J	N	Q	D	F	H	O	M	G	D	X	O	B
A	F	H	C	N	J	D	Q	G	E	N	U	I	N	E
L	J	T	O	D	G	B	H	D	W	Y	J	U	F	K
S	G	I	N	A	R	G	U	A	B	L	E	Y	I	M
D	G	B	T	H	S	Q	E	Y	N	K	D	A	D	C
I	E	Q	E	S	F	G	N	C	A	Q	T	I	E	P
C	Y	J	S	D	A	C	H	K	I	D	Q	S	N	C
L	O	M	T	Z	X	B	H	Q	F	Y	I	J	T	D
E	E	F	A	U	N	D	E	N	I	A	B	L	E	E
A	K	L	B	P	J	S	Q	F	B	Y	Z	C	E	R
R	A	C	L	X	C	N	K	C	S	Q	T	U	I	U
C	S	F	E	W	H	M	L	F	A	X	V	N	G	S
U	X	C	Q	P	K	G	O	H	E	C	B	N	M	S
T	P	I	N	D	I	S	P	U	T	A	B	L	E	A

Affirmative
Confident
Incontestable

Assured
Genuine
Indisputable

Clear cut
Inarguable
Undeniable

Steadfast Word Chart

Word	Definition	Sentence
Affirmative	Expressing agreement or consent	She answered **affirmative**.
Assured	Guaranteed; sure; certain; secure	The doctors **assured** him he would be able to play in the game.
Clear Cut	Formed with or having clearly defined outlines	The rules of basketball are **clear cut**.
Confident	Having strong belief or full assurance	The coach was **confident** he made the right play.
Genuine	Not counterfeit; authentic; real	The signed jersey I have is **authentic**.
Inarguable	Not arguable	His skills are **inarguable**.
Incontestable	Not open to dispute	The win was **incontestable**
Indisputable	Unquestionably real, valid	The fact he is a talented player is **indisputable**.
Undeniable	Unquestioned as to quality, merit	LeBron James' talent is **undeniable**.

Solutions

Solutions

Altruistic

O	W	**E**	**T**	**A**	**R**	**E**	**D**	**I**	**S**	**N**	**O**	**C**	V	T
M	**P**	F	**G**	Z	**H**	**O**	**N**	**E**	**S**	**T**	G	E	**B**	Y
A	M	**E**	**E**	V	O	**E**	N	G	A	L	U	L	**E**	B
G	A	D	**N**	H	Y	P	**L**	T	J	M	**K**	**I**	**N**	**D**
N	G	T	**E**	**H**	K	Q	E	**P**	S	U	R	F	**E**	D
A	Z	V	**R**	D	**A**	**U**	O	L	**F**	A	M	H	**V**	E
N	B	R	**O**	W	V	**N**	E	R	M	**U**	Y	A	**O**	C
I	C	I	**U**	R	D	**S**	**D**	E	L	A	**L**	X	**L**	O
M	F	U	**S**	E	D	**E**	X	**E**	V	E	X	T	**E**	G
O	S	W	T	A	B	**L**	G	U	**D**	I	A	L	**N**	V
U	R	D	R	A	G	**F**	S	T	A	R	Y	G	**T**	U
S	T	**H**	**O**	**S**	**P**	**I**	**T**	**A**	**B**	**L**	**E**	I	R	E
V	O	L	T	**U**	**N**	**S**	**P**	**A**	**R**	**I**	**N**	**G**	W	I
A	W	S	U	I	M	**H**	E	**L**	**I**	**B**	**E**	**R**	**A**	**L**
B	**O**	**U**	**N**	**T**	**I**	**F**	**U**	**L**	L	A	D	O	U	T

Audacious

G	R	W	E	T	O	I	F	H	R	**E**	**V**	**A**	**R**	**B**
B	**O**	**L**	**D**	A	U	R	W	M	X	E	Y	L	O	H
K	R	E	**A**	G	V	U	A	J	E	C	**B**	M	U	T
B	R	A	**U**	T	W	F	U	H	**D**	**A**	**R**	**I**	**N**	**G**
C	O	N	**N**	**E**	T	L	E	S	F	D	**A**	U	N	**I**
O	**E**	D	**T**	A	**M**	E	K	U	R	T	**S**	O	Y	**N**
V	**C**	O	**L**	F	Z	**O**	T	P	I	D	**H**	E	G	**T**
I	**N**	T	**E**	K	Q	B	**S**	H	U	J	**N**	X	P	**R**
W	**E**	D	**S**	Z	Y	E	G	**E**	M	N	**E**	W	U	**E**
A	**D**	T	**S**	F	N	B	U	J	**R**	P	**S**	Y	U	**P**
F	**I**	X	V	F	R	I	N	G	E	**U**	**S**	D	G	**I**
S	**F**	T	**G**	U	S	R	D	F	T	A	**T**	M	E	**D**
E	**N**	J	W	**A**	O	B	P	B	S	R	G	**N**	A	U
D	**O**	G	E	R	**L**	Q	U	V	M	W	K	L	**E**	S
Z	**C**	O	N	F	R	**L**	C	A	R	P	D	E	I	**V**

Brave

N	U	R	V	W	I	B	R	A	D	T	Y	B	**I**	K
E	Z	I	**G**	**U**	**T**	**T**	**Y**	C	H	O	L	T	**N**	M
R	D	F	T	B	A	D	G	Y	W	O	L	P	**T**	X
V	S	**D**	**A**	**U**	**N**	**T**	**L**	**E**	**S**	**S**	G	U	**R**	**B**
Y	V	A	Q	T	G	E	V	O	R	**C**	O	U	**E**	**O**
R	P	D	R	S	P	N	G	O	T	**O**	R	P	**P**	**L**
N	B	L	K	**E**	**V**	**A**	**R**	**B**	A	**U**	W	U	**I**	**D**
V	A	L	A	R	B	H	C	R	K	**R**	G	**S**	**D**	R
M	O	R	G	H	U	L	I	S	E	**A**	**S**	I	O	L
D	R	O	G	O	N	G	O	T	A	**G**	T	P	W	B
B	R	A	B	W	C	U	R	D	**L**	**E**	S	T	N	**Y**
D	I	T	A	V	R	Y	T	**R**	O	**O**	T	A	R	**K**
F	S	E	S	S	A	N	**A**	P	F	**U**	X	Y	U	**S**
Z	C	A	H	S	H	**E**	L	E	O	**S**	H	Y	F	**I**
O	Y	A	D	T	**F**	G	R	R	M	A	S	I	F	**R**

Cooperative

S	**U**	**O**	**I**	**N**	**O**	**M**	**R**	**A**	**H**	S	W	R	U	**A**
V	A	R	**C**	O	O	R	I	Q	Z	L	U	F	P	**G**
H	F	**C**	**O**	**L**	**L**	**E**	**G**	**I**	**A**	**L**	B	**E**	U	**R**
E	L	E	**M**	A	D	B	E	L	I	Y	**V**	T	J	**E**
X	B	I	**B**	S	U	N	I	R	T	**I**	D	O	C	**E**
E	W	H	**I**	G	A	L	L	I	**T**	F	R	E	Y	**I**
V	U	R	**N**	S	E	L	E	**A**	T	A	R	D	I	**N**
S	U	P	**E**	R	N	A	**R**	W	Q	Z	K	I	P	**G**
K	M	E	**D**	**C**	**O**	**O**	**R**	**D**	**I**	**N**	**A**	**T**	**E**	**D**
C	A	S	T	E	**B**	C	R	A	W	K	R	T	A	G
K	H	A	L	**A**	D	V	A	L	E	R	W	Y	O	X
B	O	W	**L**	T	I	E	**S**	**H**	**A**	**R**	**E**	**D**	A	Z
D	Y	**L**	C	E	N	T	U	R	A	G	E	Q	T	N
O	**O**	D	D	A	L	E	K	F	E	V	I	A	Z	R
C	R	U	S	W	**U**	**N**	**I**	**T**	**I**	**N**	**G**	I	N	I

Decisive

L	A	V	I	E	E	N	R	O	S	E	Y	W	B	H
S	I	G	N	S	D	**E**	**T**	**U**	**L**	**O**	**S**	**E**	**R**	C
I	M	**E**	I	A	B	G	U	W	D	G	J	N	D	Y
G	P	A	**V**	Q	Z	V	J	R	S	G	K	I	F	C
N	O	D	S	**I**	C	B	H	Y	W	D	G	U	Y	A
I	R	**O**	A	S	**T**	R	I	D	S	F	B	J	E	A
F	G	**F**	E	A	S	**A**	D	G	C	X	Z	D	H	U
I	H	**I**	G	R	R	N	**T**	S	G	D	S	Q	A	M
C	Q	**M**	J	R	E	S	O	**I**	F	S	Q	C	G	O
A	S	**P**	K	C	R	U	D	**C**	**R**	**U**	**C**	**I**	**A**	**L**
T	D	**O**	W	B	D	Q	A	D	G	**O**	V	D	Y	J
I	G	**R**	C	K	D	A	E	C	F	S	**H**	U	S	F
V	M	**T**	B	A	D	F	E	C	S	F	H	**T**	T	D
E	N	V	E	A	S	O	I	F	W	N	T	R	**U**	F
Y	Z	P	Y	K	N	G	S	L	N	D	G	D	S	**A**

Determined

U	**N**	**S**	**H**	**A**	**K**	**A**	**B**	**L**	**E**	P	R	**C**	I	M
N	**N**	D	S	N	**C**	**O**	**U**	**R**	**A**	**G**	**E**	**O**	**U**	**S**
D	U	**D**	T	E	R	R	**N**	**R**	E	D	**T**	**M**	**N**	**T**
I	N	**I**	**E**	Q	E	X	**W**	**E**	B	H	**U**	**P**	**D**	**E**
S	F	**N**	A	**T**	**H**	K	**A**	**S**	A	G	**L**	**U**	**A**	**A**
C	A	**T**	D	**F**	**E**	U	**V**	**O**	J	N	**O**	**L**	**U**	**D**
O	U	**E**	F	**E**	**L**	**R**	**E**	**L**	I	I	**S**	**S**	**N**	**Y**
U	S	**N**	A	**A**	**L**	O	**R**	**V**	N	R	**E**	**I**	**T**	J
R	R	**T**	S	**R**	**B**	G	**I**	**E**	X	E	**R**	**V**	**E**	G
A	M	**I**	T	**L**	**E**	H	**N**	**D**	**D**	T	R	**E**	**D**	**N**
G	I	**O**	Q	**E**	**N**	Y	**G**	R	R	L	P	M	T	**E**
E	R	**N**	O	**S**	**T**	M	R	G	I	A	D	A	F	**V**
D	**E**	**C**	**I**	**S**	**I**	**V**	**E**	O	V	F	R	R	I	**I**
U	**N**	**B**	**E**	**N**	**D**	**A**	**B**	**L**	**E**	N	A	I	O	**R**
T	**R**	**A**	**W**	**L**	**A**	**T**	**S**	T	N	U	D	K	S	**D**

Faith

E	V	E	T	N	O	W	F	**C**	**O**	**M**	**M**	**I**	**T**	G
R	**C**	D	K	U	D	A	X	**O**	A	V	G	L	H	E
E	**O**	**N**	H	Y	D	O	L	**M**	W	M	D	U	F	**T**
L	**M**	W	**A**	**F**	W	E	R	**M**	W	I	E	F	**S**	L
I	**M**	N	O	**I**	R	P	F	**I**	F	O	D	**U**	D	A
G	**I**	T	P	**D**	**G**	A	O	**T**	I	N	**R**	H	U	S
I	**T**	R	F	**E**	P	**E**	U	**T**	L	**T**	F	I	H	I
O	**M**	F	S	**L**	G	D	**L**	**A**	I	A	L	L	E	G
N	**E**	L	D	**I**	D	P	D	**L**	A	B	D	E	D	D
U	**N**	L	Y	**T**	A	D	W	T	**A**	E	U	S	S	**F**
K	**T**	F	H	**Y**	X	S	D	Y	H	L	O	S	V	**E**
S	**S**	**E**	**N**	**L**	**U**	**F**	**H**	**T**	**I**	**A**	**F**	F	U	**I**
D	E	S	U	I	C	A	A	G	P	F	S	H	E	**L**
O	M	A	I	L	G	F	Z	I	U	W	Q	W	A	**E**
D	**E**	**D**	**I**	**C**	**A**	**T**	**I**	**O**	**N**	U	A	S	P	**B**

Honest

D	**S**	**U**	**O**	**I**	**C**	**A**	**R**	**E**	**V**	F	**H**	U	J	D
Z	**E**	L	**S**	E	F	J	D	W	B	M	**O**	K	F	L
E	R	**P**	**S**	H	I	G	D	B	J	**E**	**N**	X	V	**S**
S	I	N	**E**	C	G	H	J	H	**U**	E	**O**	D	E	**U**
I	A	D	**L**	**N**	T	O	H	**R**	S	F	**R**	F	R	**O**
N	C	E	**E**	R	**D**	A	**T**	F	H	D	**A**	U	A	**I**
C	P	G	**L**	S	P	**A**	S	W	G	R	**B**	N	F	**T**
E	Y	P	**I**	D	S	Z	**B**	I	J	S	**L**	P	A	**N**
R	P	G	**U**	S	F	H	E	**L**	F	Y	**E**	R	S	**E**
E	U	K	**G**	S	A	D	Y	E	**E**	S	B	E	G	**T**
I	O	F	M	Z	B	N	**A**	**C**	**C**	**U**	**R**	**A**	**T**	**E**
E	**L**	**B**	**A**	**I**	**L**	**E**	**R**	A	C	B	N	M	Y	**R**
M	J	O	K	F	Z	A	T	U	O	E	Q	F	H	**P**
P	**T**	**R**	**U**	**T**	**H**	**F**	**U**	**L**	A	H	S	C	F	**N**
M	A	P	C	D	R	M	N	D	W	A	O	L	P	**U**

Intelligent

A	Q	Z	O	X	A	B	R	A	S	V	T	S	**B**	**A**
S	D	D	Y	**T**	**F**	**A**	**R**	**C**	I	S	K	N	**R**	**P**
T	**M**	G	F	D	G	D	**E**	A	A	P	E	T	**I**	**T**
U	S	**A**	S	H	F	H	**A**	S	K	**G**	H	H	**L**	M
T	F	I	**R**	P	S	I	**D**	O	G	**N**	S	G	**L**	S
E	S	F	A	**T**	**B**	Y	**Y**	I	E	**I**	D	M	**I**	F
D	I	W	S	D	**R**	Q	A	A	O	**W**	J	T	**A**	I
H	O	**B**	**R**	**A**	**I**	**N**	**Y**	F	E	**O**	I	M	**N**	T
K	F	I	F	R	**S**	S	D	I	S	**N**	O	S	**T**	**S**
E	D	N	H	L	**K**	I	G	**B**	G	**K**	S	T	E	**H**
S	C	V	O	**E**	H	**E**	I	S	**R**	W	A	M	A	**A**
I	G	S	**T**	D	O	G	**E**	D	E	**I**	Z	K	X	**R**
W	D	**U**	D	G	F	U	O	**N**	A	D	**G**	K	V	**P**
D	**C**	Z	A	N	A	G	T	M	D	J	M	**H**	M	Q
A	H	F	**E**	**F**	**F**	**E**	**C**	**T**	**I**	**V**	**E**	D	**T**	A

Kind & Friendly

C	W	**E**	**N**	**T**	**H**	**U**	**S**	**I**	**A**	**S**	**T**	**I**	**C**	**A**
R	**O**	S	F	U	**T**	**N**	**E**	**I**	**L**	**I**	**S**	**E**	**R**	**M**
A	**I**	**N**	**S**	**P**	**I**	**R**	**A**	**T**	**I**	**O**	**N**	**A**	**L**	**I**
H	**V**	K	**S**	D	T	U	F	S	X	N	J	K	Y	**C**
P	**E**	Z	A	**C**	S	G	U	**S**	W	T	I	M	D	**A**
O	**N**	**C**	W	**O**	**I**	D	G	J	**U**	S	G	B	Y	**B**
X	**E**	**I**	S	**N**	J	**E**	B	C	V	**O**	S	F	H	**L**
D	**R**	**T**	E	**G**	R	G	**N**	S	H	D	**I**	V	H	**E**
E	**A**	**S**	Z	**E**	L	A	M	**T**	D	H	G	**P**	**B**	L
S	**B**	**I**	E	**N**	G	H	D	A	**I**	H	U	R	**E**	A
O	**L**	**M**	C	**I**	V	N	V	D	S	**O**	G	D	**N**	J
P	**E**	**I**	W	**A**	Q	D	G	J	O	H	**U**	S	**I**	G
M	V	**T**	B	**L**	**U**	**M**	**I**	**N**	**O**	**U**	**S**	**S**	**G**	D
O	P	**P**	T	I	M	D	S	G	U	R	S	O	**N**	D
C	D	**O**	F	G	**T**	**N**	**E**	**L**	**O**	**V**	**E**	**N**	**E**	**B**

Loquacious

G	J	K	T	S	Q	R	Y	I	L	J	V	N	M	**B**
T	**A**	**L**	**K**	**A**	**T**	**I**	**V**	**E**	P	H	D	S	G	**I**
W	U	**B**	J	K	D	A	S	F	H	J	D	X	V	**G**
U	K	G	**B**	A	Z	C	B	Q	E	T	**H**	Y	U	**M**
D	A	A	X	**Y**	S	G	J	I	R	**T**	W	R	Y	**O**
V	A	L	Y	R	I	A	N	G	**U**	P	U	D	S	**U**
Y	**K**	**L**	**A**	**T**	A	G	J	**O**	S	F	H	**S**	J	**T**
U	Q	D	A	D	Z	C	**M**	B	N	J	K	**U**	G	**H**
F	F	C	D	A	L	**R**	D	H	I	W	Q	**O**	C	**E**
V	M	S	Y	D	**E**	J	I	T	W	A	F	**L**	F	**D**
Q	E	G	J	**B**	O	L	G	S	A	G	N	**U**	H	I
W	G	S	**B**	S	F	H	U	T	E	S	F	**R**	M	S
C	**H**	**A**	**T**	**T**	**Y**	X	V	H	D	A	N	**R**	H	I
A	**L**	M	E	E	R	E	E	N	G	S	A	**A**	P	H
B	T	A	R	G	A	R	Y	E	N	F	S	**G**	A	F

Luminous

L	P	K	G	D	E	T	H	J	I	Y	R	S	C	**B**
B	**U**	D	X	**D**	**I**	**C**	**U**	**L**	**L**	**E**	**P**	Q	F	**R**
D	K	**S**	L	H	F	A	D	F	Y	E	Q	A	C	**I**
B	N	H	**T**	S	G	E	A	D	H	K	G	M	F	**L**
Q	D	F	H	**R**	H	T	Y	I	O	K	D	S	Z	**L**
P	**S**	J	G	D	**O**	S	F	H	N	V	X	Z	F	**I**
A	**U**	F	G	J	I	**U**	L	I	V	B	J	G	D	**A**
T	**O**	H	F	D	S	A	**S**	D	C	B	J	Y	D	**N**
U	**N**	W	Q	R	U	M	V	X	Z	D	A	G	I	**T**
G	**I**	L	J	D	A	M	Y	N	V	X	A	F	D	R
C	**M**	V	N	J	G	D	A	Q	E	**D**	T	U	I	L
L	**U**	M	I	N	S	F	A	D	F	H	**I**	I	W	S
D	**L**	M	H	Y	S	A	S	D	Y	G	F	**C**	D	H
R	H	A	E	G	A	L	D	G	U	R	W	B	**U**	L
E	**L**	**U**	**C**	**I**	**D**	**A**	**T**	**E**	J	D	A	Q	M	**L**

Peacemaker

C	S	E	R	A	F	**E**	**T**	**A**	**I**	**V**	**E**	**L**	**L**	**A**
M	**O**	G	Y	**M**	**P**	**L**	**A**	**C**	**A**	**T**	**E**	**I**	D	**P**
O	M	**N**	D	**I**	Z	**S**	S	Q	F	U	O	**G**	K	**P**
L	**E**	T	**C**	**T**	D	F	**W**	H	O	T	W	**H**	F	**E**
L	**V**	M	V	**I**	S	G	D	**E**	A	G	U	**T**	D	**A**
I	**E**	X	D	**G**	**L**	X	B	J	**E**	S	T	**E**	W	**S**
F	**I**	L	**P**	**A**	**C**	**I**	**F**	**I**	**C**	**T**	U	**N**	D	**E**
Y	**L**	I	G	**T**	D	A	**A**	D	H	N	**E**	X	S	**D**
R	**E**	L	I	**E**	D	**Y**	R	**T**	A	F	G	**N**	B	S
M	**R**	A	F	Q	**F**	D	Y	I	**E**	K	L	Y	D	B
Y	V	B	E	**I**	S	F	H	R	F	H	K	D	Z	O
A	P	P	**C**	F	**E**	**T**	**A**	**I**	**T**	**I**	**P**	**O**	**R**	**P**
L	L	**A**	S	A	T	H	D	B	N	S	Q	F	I	K
L	**P**	A	C	I	G	**P**	**E**	**A**	**C**	**E**	**F**	**U**	**L**	R
A	**S**	**S**	**U**	**A**	**G**	**E**	**R**	Y	K	R	S	F	N	K

Positive Force

A	**L**	**L**	**U**	**R**	**I**	**N**	**G**	Y	D	A	Q	F	G	**C**
M	P	**D**	**E**	**T**	**N**	**E**	**L**	**A**	**T**	K	**C**	J	**O**	**A**
B	A	**E**	**L**	**B**	**A**	**R**	**O**	**N**	**O**	**H**	**R**	**H**	V	**L**
I	Q	**K**	**I**	**N**	**D**	**H**	**E**	**A**	**R**	**T**	**E**	**D**	O	**M**
T	D	M	**K**	I	H	W	R	H	S	**R**	**D**	A	J	P
I	**C**	Z	**A**	U	K	G	S	A	**E**	C	**I**	L	F	A
O	**I**	Q	**B**	S	**P**	G	B	**N**	S	F	**B**	T	U	A
U	**T**	M	**L**	H	**R**	A	**T**	A	S	V	**L**	D	F	D
S	**E**	P	**E**	Q	**O**	**D**	**I**	**L**	**I**	**G**	**E**	**N**	**T**	S
Y	**G**	R	R	M	**U**	**S**	**U**	**O**	**I**	**C**	**A**	**V**	**I**	**V**
F	**R**	**I**	**E**	**N**	**D**	**L**	**Y**	D	H	R	I	T	Q	**T**
P	**E**	W	F	H	X	**E**	**V**	**I**	**S**	**I**	**C**	**E**	**D**	**R**
S	**N**	**S**	**M**	**I**	**L**	**I**	**N**	**G**	D	H	T	I	P	**E**
Y	**E**	**T**	**R**	**U**	**S**	**T**	**W**	**O**	**R**	**T**	**H**	**Y**	S	**L**
D	**A**	**Z**	**Z**	**L**	**I**	**N**	**G**	**G**	**E**	**N**	**T**	**L**	**E**	**A**

Powerful

Q	**R**	G	M	S	G	U	R	W	X	O	L	F	S	**M**
P	**U**	**I**	**S**	**S**	**A**	**N**	**T**	Z	A	S	F	R	Y	**I**
O	**L**	G	D	W	T	H	F	C	N	M	X	**T**	L	**G**
A	**I**	D	**G**	**N**	**I**	**N**	**G**	**I**	**E**	**R**	D	**N**	J	**H**
Y	**N**	G	S	W	Y	F	H	E	G	D	Q	**A**	S	**T**
Z	**G**	C	O	D	**G**	S	W	F	B	J	W	**N**	L	**Y**
B	A	G	D	W	D	**N**	F	N	D	Q	T	**G**	H	O
B	L	N	S	P	C	A	**I**	Q	D	G	S	**E**	F	E
V	B	E	A	G	M	Z	V	**L**	L	P	I	**R**	Q	D
I	G	D	O	J	**T**	D	Q	R	**L**	K	D	Q	T	V
Z	B	M	U	**N**	E	W	T	U	I	**E**	W	F	F	L
Y	N	R	**E**	G	L	L	O	E	L	S	**P**	D	Y	S
G	S	**T**	W	H	D	H	O	U	D	A	Q	**M**	F	K
A	**O**	D	T	H	S	A	G	Q	Q	T	J	G	**O**	V
P	X	C	B	J	A	U	R	S	F	T	U	K	B	**C**

Shooting Stars Part 1

T	Q	F	J	O	Y	F	S	**W**	X	V	J	M	L	**H**
E	P	**T**	D	A	F	B	**A**	**I**	**R**	**O**	**H**	**P**	**U**	**E**
N	M	**E**	Q	T	I	**Y**	S	**T**	H	I	R	D	A	**E**
T	P	**N**	S	F	B	**T**	C	**H**	Z	W	F	P	K	**D**
A	M	**A**	V	S	A	**I**	Q	**E**	S	F	H	**P**	Y	**E**
T	G	**C**	Q	Y	S	**S**	Z	**R**	B	J	L	**U**	H	**D**
I	H	**I**	Z	J	D	**O**	G	**I**	M	H	A	**N**	S	O
V	Y	**O**	**R**	F	G	**M**	N	**N**	W	R	L	**G**	D	I
E	W	**U**	**A**	Q	H	**I**	I	**G**	U	O	K	**E**	H	T
D	X	**S**	**V**	D	U	**N**	G	H	K	D	S	**N**	V	W
E	N	L	**E**	H	**L**	**A**	**C**	**K**	**L**	**U**	**S**	**T**	**E**	**R**
S	J	M	**N**	B	D	H	S	G	S	A	D	S	C	D
I	L	F	**O**	M	G	O	Q	D	Q	D	H	G	Z	V
O	S	X	**U**	K	J	S	**D**	**E**	**W**	**O**	**L**	**L**	**A**	**H**
P	**E**	**R**	**S**	**O**	**N**	**A**	O	B	O	Y	Q	C	P	L

Shooting Stars Part 2

S	S	**B**	**D**	**E**	**W**	**O**	**D**	**A**	**H**	**S**	**E**	**R**	**O**	**F**
E	M	**E**	O	L	R	A	H	**M**	K	M	K	P	Q	**O**
A	S	**L**	G	M	Y	Q	K	**R**	Q	D	**I**	L	A	**E**
R	H	**L**	N	O	J	E	R	**A**	S	E	**N**	G	**L**	A
E	G	**I**	K	A	Q	U	Q	**K**	F	Y	**F**	Q	**E**	X
D	P	**G**	W	O	S	H	D	E	H	I	**A**	Z	**T**	F
J	M	**E**	F	W	O	F	F	A	A	H	**M**	C	**H**	H
S	K	**R**	U	D	K	S	**A**	H	S	V	**O**	B	**A**	J
E	N	**E**	D	G	S	**I**	C	G	N	D	**U**	J	**R**	**D**
U	S	**N**	**H**	**O**	**O**	**P**	**L**	**A**	J	A	**S**	T	**G**	**E**
N	F	**T**	C	**N**	V	A	I	**B**	D	Q	G	U	**I**	**R**
E	T	S	**A**	J	H	D	J	**S**	Q	E	N	E	**C**	**U**
V	E	**R**	A	D	A	H	F	**U**	A	Y	W	Q	K	**D**
Q	**A**	C	S	W	C	K	S	**R**	X	P	A	S	J	**N**
P	W	T	J	X	N	M	A	**D**	K	I	Z	V	N	**E**

Sociable

E	**X**	**T**	**R**	**O**	**V**	**E**	**R**	**T**	O	N	J	E	S	**A**
G	R	R	M	**E**	**T**	**A**	**G**	**E**	**R**	**G**	**E**	**S**	A	**G**
R	Q	D	F	G	J	M	B	C	Z	A	D	R	Y	**G**
E	**E**	**F**	S	V	M	N	J	K	**S**	P	O	F	H	**R**
G	**T**	V	**E**	S	D	S	F	T	**U**	N	J	D	Q	**E**
I	**A**	X	V	**R**	H	J	Y	R	**O**	A	D	G	H	**G**
O	**G**	Q	D	F	**V**	G	H	D	**I**	S	**C**	C	H	**A**
U	**E**	H	D	B	J	**E**	P	I	**R**	S	**O**	X	S	**T**
S	**R**	N	Y	H	N	S	**N**	A	**A**	Q	**N**	D	F	**E**
U	**G**	F	Q	R	U	N	K	**T**	**G**	A	**V**	D	G	T
Z	**N**	Q	E	T	U	H	D	V	**E**	V	**I**	H	D	A
A	**O**	V	F	R	Y	I	O	P	**R**	D	**V**	U	H	N
P	**C**	H	D	Q	A	Z	C	G	**G**	K	**I**	C	A	T
I	F	Q	A	D	V	H	K	I	D	B	**A**	S	V	H
C	**O**	**M**	**P**	**A**	**N**	**I**	**O**	**N**	**A**	**B**	**L**	**E**	R	W

Steadfast

A	**F**	**F**	**I**	**R**	**M**	**A**	**T**	**I**	**V**	**E**	R	E	**C**	G
D	G	J	**N**	Q	D	F	H	O	M	G	D	X	**O**	B
A	F	H	**C**	N	J	D	Q	**G**	**E**	**N**	**U**	**I**	**N**	**E**
L	J	T	**O**	D	G	B	H	D	W	Y	J	U	**F**	K
S	G	**I**	**N**	**A**	**R**	**G**	**U**	**A**	**B**	**L**	**E**	Y	**I**	M
D	G	B	**T**	H	S	Q	E	Y	N	K	D	A	**D**	C
I	E	Q	**E**	S	F	G	N	C	A	Q	T	I	**E**	P
C	Y	J	**S**	D	A	C	H	K	I	D	Q	S	**N**	C
L	O	M	**T**	Z	X	B	H	Q	F	Y	I	J	**T**	**D**
E	E	F	**A**	**U**	**N**	**D**	**E**	**N**	**I**	**A**	**B**	**L**	**E**	**E**
A	K	L	**B**	P	J	S	Q	F	B	Y	Z	C	E	**R**
R	A	C	**L**	X	C	N	K	C	S	Q	T	U	I	**U**
C	S	F	**E**	W	H	M	L	F	A	X	V	N	G	**S**
U	X	C	Q	P	K	G	O	H	E	C	B	N	M	**S**
T	P	**I**	**N**	**D**	**I**	**S**	**P**	**U**	**T**	**A**	**B**	**L**	**E**	**A**

Artwork

Illustrated by: Tyrone Hardeman

Artwork: LeBron, Family & Friends

Shooting Stars

HEAT

HOME
M.V.P.
JAMES

LeBron and his two sons, LeBron Jr. and Bryce

LeBron & Maverick Carter

LeBron's mother, Gloria

servanthood
PASSION
UNITY
Discipline
integrity

Coach Dru

Cavaliers
23
HEAT
6

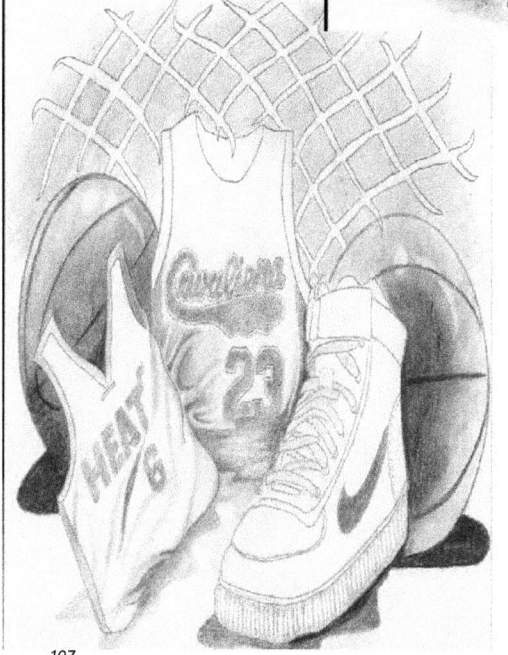

LeBron and Warren Buffet

LeBron James, Kyle Love and Kyrie Irving

LeBron and wife, Savannah

Savannah

Academic Resources Unlimited, Inc.

P.O. Box 2122

Upper Marlboro, Maryland 20773

Words Cross & Across: Word Search on LeBron James

$12.98

____________	**X**	**$12.98**	**=**	____________
Quantity		Price		Total

Words Cross & Across: Word Search on Dr. Martin Luther King Jr.

$12.98

____________	**X**	**$12.98**	**=**	____________
Quantity		Price		Total

Words Cross & Across: Word Search on Barack Obama

$12.95

____________	**X**	**$12.95**	**=**	____________
Quantity		Price		Total

Send check or money order for desired quantity to

Academic Resources Unlimited, Inc.

P.O. Box 2122

Upper Marlboro, MD 20773

www. AcademicResourcesUnlimited.org

educationissues@hotmail.com

www.ingramcontent.com/pod-product-compliance
Lightning Source LLC
Chambersburg PA
CBHW060844050426
42453CB00008B/817
9780983895206